DATE DUE

MAR 0 6 2012			

SABER PARA VIVIR

TABACO

EDITA

Nova Galicia Edicións, S.L.
Avda. Ricardo Mella, 143 Nave 3
36330 – Vigo (España)
Tel. +34 986 462 111
Fax. +34 986 462 118
http://www.novagalicia.com
e-mail: novagalicia@novagalicia.com

Depósito legal: VG: 971-2005
ISBN obra completa: 84-96293-93-9
ISBN volumen: 84-96293-95-5

IMPRESIÓN
Alva Gráfica, A Coruña

EDITOR
CARLOS DEL PULGAR SABÍN

DIRECCIÓN Y COORDINACIÓN
ELISARDO BECOÑA IGLESIAS

AUTOR DEL LIBRO
ELISARDO BECOÑA IGLESIAS

FOTOGRAFÍA
XULIO GIL RODRÍGUEZ

DISEÑO Y MAQUETACIÓN
NOVA GALICIA EDICIÓNS, S.L.

INFOGRAFÍA
NOVA GALICIA EDICIÓNS, S.L.

TRADUCCIÓN Y REVISIÓN LINGÜÍSTICA
NOVA GALICIA EDICIÓNS, S.L.

Las imágenes que aparecen en este libro han sido tomadas en situaciones ficticias, creadas expresamente para ello. No corresponden a comportamientos habituales de las personas que aparecen en ellas.

Nova Galicia Edicións agradece la colaboración de todas las personas que han participado desinteresadamente en la realización de las fotografías.

TABACO

Elisardo Becoña Iglesias

NOVA GALICIA EDICIÓNS

SABER PARA VIVIR

Títulos de la colección

TABACO

ALCOHOL

DROGAS

VIOLENCIA ESCOLAR

SEXUALIDAD

ADICCIÓN A NUEVAS TECNOLOGÍAS

EMOCIONES Y SENTIMIENTOS

ESTUDIAR MEJOR... TODO UN DEPORTE

CONSUMISMO

¿POR QUÉ NO ME ENTIENDEN MIS PADRES?

INDICE

El tabaco

¿Quién no sabe lo que es el tabaco? ¿Quién no ve fumar todos los días a alguna persona? ¿Quién no ha visto en una película, en el cine o en la televisión fumar más de una vez? La contestación a todas las preguntas anteriores seguro que es afirmativa.

El tabaco, fumado en forma de cigarrillos, está muy generalizado. Pero lo ha estado más, ya que en los últimos años cada vez son más los adultos que están dejando de fumar.

Fumar cigarrillos y otras formas de tabaco, como puros y pipas, viene de muy atrás, de hace unos 500 años, cuando Cristóbal Colón lo descubrió en América. Luego se introdujo en Europa y en otros países, en un proceso lento durante estos últimos siglos. Con las guerras, especialmente la Primera y la Segunda Guerra Mundial, en el siglo pasado, se incrementó mucho el consumo de tabaco. Al incorporarse la mujer al mercado laboral

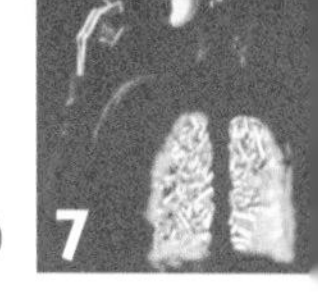

ésta también comenzó a fumar, lo que no ocurría en siglos anteriores. Hoy asistimos a una epidemia, la epidemia de tabaco.

Esto significa que el consumo está muy generalizado y que este consumo acarrea graves consecuencias a la salud de una parte importante de las personas que lo consumen.

¿Qué ocurre con los jóvenes?

Pues algo muy sencillo. Es el grupo al que las compañías tabaqueras tienen que enganchar para sustituir a los adultos que se van muriendo por fumar cigarrillos, o que dejan de fumar. ¿Cómo lo hacen? Con múltiples tretas como iremos viendo a lo largo de este libro. ¿Lo consiguen siempre? Unas veces sí, otras no. También en este libro te enseñaremos cómo le puedes hacer frente al tabaco para no caer en las garras de la adicción a la nicotina, que es la sustancia, la droga, que contiene el tabaco.

Tipos de tabaco

① **Cigarro puro**
El cigarro puro, también conocido por puro, está formado totalmente por hojas de tabaco que se enrollan entre sí para producir el puro o cigarro puro.

② **Cigarrillos**
Consiste en envolver la picadura de las hojas de tabaco en un cilindro pequeño. Antes se envolvía en hojas de maíz; luego en papel. Hasta no hace muchas décadas para hacer cada cigarrillo había que liar cigarrillo a cigarrillo, echando en la hoja de papel (conocida como librillo) la picadura de tabaco, enrollándola y pegándola con saliva. Con la aparición de la máquina de fabricar cigarrillos éstos se producen industrialmente y se venden en cajetillas de cigarrillos.

③ **Tabaco de pipa**
Consiste en introducir picadura de tabaco dentro de un recipiente, conocido por pipa. Se enciende este tabaco en un extremo de la misma y se absorbe el humo por la boquilla de su otro extremo. En siglos pasados fumar en pipa tuvo mucha relevancia entre los marineros. Hoy muy pocas personas fuman en pipa.

•••

Tipos de tabaco

④ Tabaco de mascar
Es un tipo de tabaco prohibido en España. Consiste en un preparado de tabaco que se introduce en la boca y se masca en la misma durante mucho tiempo.

⑤ Tabaco en polvo
Era una forma antigua de fumar en España. Se aspiraba el polvo de tabaco por la nariz. Este polvo se había elaborado triturando las hojas de tabaco hasta convertirlas en polvo.

Sus componentes so

En la combustión del tabaco se producen más de 4.000 componentes que se han podido aislar químicamente. Muchos de ellos son cancerígenos (producen directamente cáncer) y otros cocancerígenos (potencian la posibilidad de padecer cáncer).

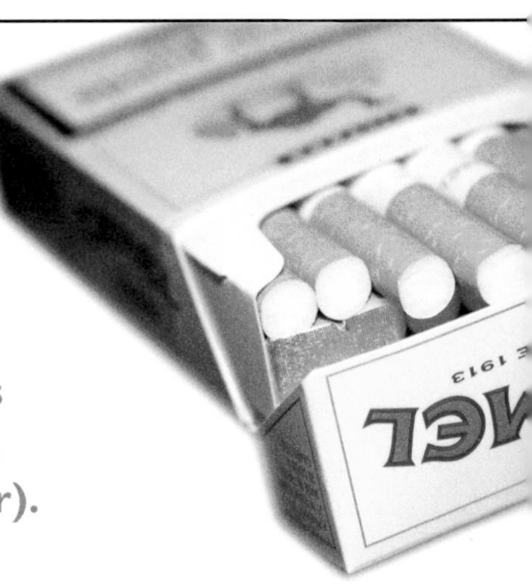

Acetona

✪ Naftilamina

Metanol

✪ Pireno

✪ Dibenzocridina

Naftalina

✪ Cadmio

Dimetilnitrosamina

✪ Benzopireno

✪ Vinilo

DDT

Tolueno

Cianamida

Toluidina ✪

Amoníaco

Uretano ✪

Arsénico

Nicotina

Fenol

Butano

Monóxido de Carbono

Polonio-210 ✪

✪ Sustancia que produce cáncer

ás de 4.000

ntre las sustancias cancerígenas están las siguientes:

Alquitranes.	Es lo que se utiliza para asfaltar carreteras, pintar barcos, etc.
Arsénico.	Veneno mortal muy potente.
Creosota.	Carcinógeno.
Cadmio y níquel.	Utilizado en las baterías.
Cloruro de vinilo.	Carcinógeno.
Polonio 210.	Es radiactivo y carcinógeno.
Uretano.	Carcinógeno y utilizado en embalajes.
Formaldehído.	Conservante orgánico utilizado en laboratorios forenses y anatomía patológica.

▸▸▸ Pero otro amplio conjunto de sustancias contenidas en el humo del tabaco son tóxicas e irritantes. Éstas inciden en los ojos y en las vías respiratorias, tanto de los fumadores como de los no fumadores. Entre ellas están:

- **Amoníaco.** Se utiliza en los limpiacristales y tiene un olor fuerte.
- **Acetona.** Es un disolvente tóxico bien conocido.
- **Acroleína.** Es un potente irritante bronquial y causa enfisema.
- **Cianuro de hidrógeno.** Es un veneno mortal utilizado como raticida.
- **Monóxido de carbono.** Gas incoloro que es mortal en lugares cerrados.
- **Metanol.** Se utiliza en la combustión de misiles.
- **Tolueno.** Es un disolvente tóxico.

Así podríamos seguir con cientos y cientos de componentes más.

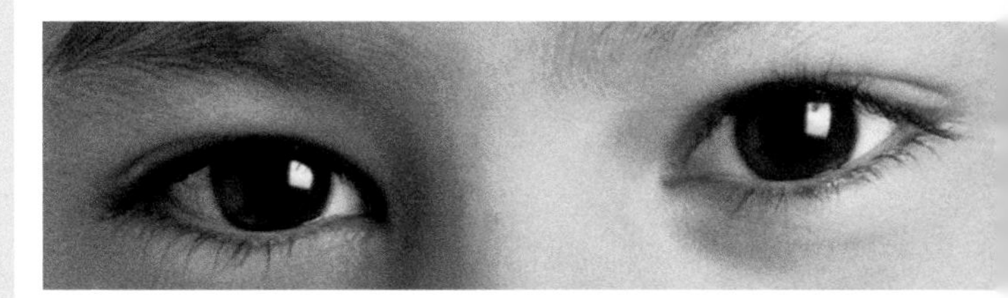

La adictiva nicotina

El tabaco contiene muchas sustancias. La que produce la adicción al tabaco es la nicotina.

Esta sustancia es una droga con gran poder psicoactivo. Es la responsable de incrementar la activación, la tasa cardiaca, la presión arterial, etc. Hay un lugar en el cerebro en el que, al llegar la nicotina, se activan unos receptores específicos que la fijan. Son los receptores nicotínicos. La nicotina, por tanto, va a ser la responsable de que los que fumen se hagan adictos en poco tiempo.

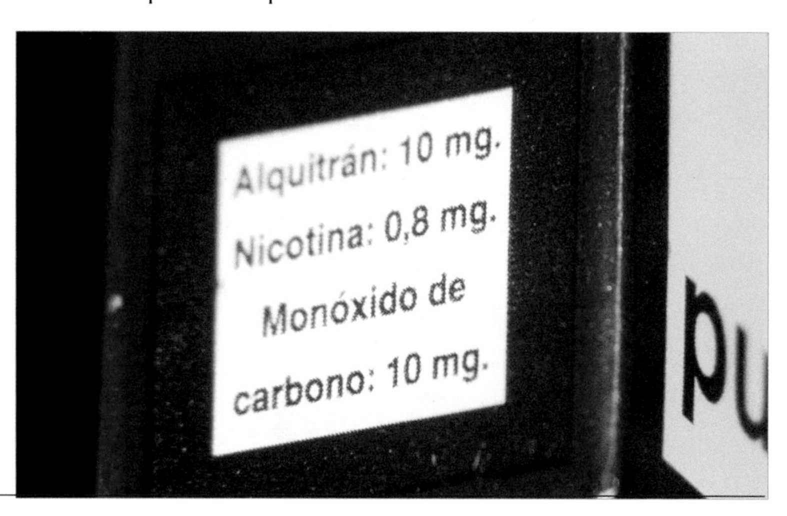

Cuando la persona se hace adicta a la nicotina su falta produce toda una serie de síntomas que se conocen como síntomas del síndrome de abstinencia de la nicotina. Como éstos son molestos al faltar la nicotina, al fumador le cuesta dejar los cigarrillos aunque quiera. Es algo parecido a lo que les ocurre a las personas que tienen dependencia del alcohol, de la cocaína, de la heroína, etc. Por suerte, la información hace que muchas personas dejen de fumar antes de llegar a un nivel alto de adicción. Por ello, cuanto menos tiempo se lleve fumando más fácil será dejar de fumar.

En cuanto a los efectos en la salud, la nicotina actúa principalmente sobre el sistema circulatorio. Por ello, su consumo incrementa, entre otras enfermedades, el número de infartos en los fumadores, la hipertensión arterial, etc.

Sustancia	Características	Efectos que produce
Nicotina	Se sintetiza en forma de líquido oleaginoso e incoloro y se disuelve fácilmente en agua y alcohol, pasando del color amarillo al pardo oscuro en contacto con estos líquidos.	Es la droga que contiene el tabaco. En altas dosis produce intoxicación (mareos, náuseas, vómitos, diarreas). Incide negativamente en el sistema cardiovascular (ej., produce taquicardia, incremento de la presión arterial, etc.).

Síntomas del síndrome de abstinencia de la nicotina

Se producen desde horas después de dejar de fumar hasta días después, cuando la persona deja de fumar. Pueden aparecer uno o más síntomas, debido a la carencia de nicotina en el organismo y también al romperse el hábito de efectuar esa conducta que se ha repetido tantas veces. Estos síntomas son más o menos molestos, dependiendo del grado de dependencia que se tenga. A partir del consumo de 20 cigarrillos diarios, suelen estar presentes varios de ellos. A veces aparece también en los que fuman pocos cigarrillos.

Éstos son los siguientes:

- **Estado de ánimo deprimido.**
- **Insomnio.**
- **Irritabilidad, frustración o ira.**
- **Ansiedad.**
- **Dificultad para concentrarse.**
- **Nerviosismo o impaciencia.**
- **Disminución de la frecuencia cardíaca.**
- **Aumento del apetito o del peso.**

El peligroso alquitrán

El alquitrán es una sustancia untuosa, de color oscuro, olor fuerte y sabor amargo, muy nociva para la salud.

Se desprende fundamentalmente de la combustión del papel del cigarrillo y, en menor medida, del tabaco. Es el responsable de la mayor parte de los cánceres que produce el tabaco, al que ayudan otros componentes que desprende el tabaco y que inhala el fumador.

▸▸▸ Al entrar ese humo cargado de elementos nocivos en el organismo por vía pulmonar, los principales afectados van a ser los pulmones.

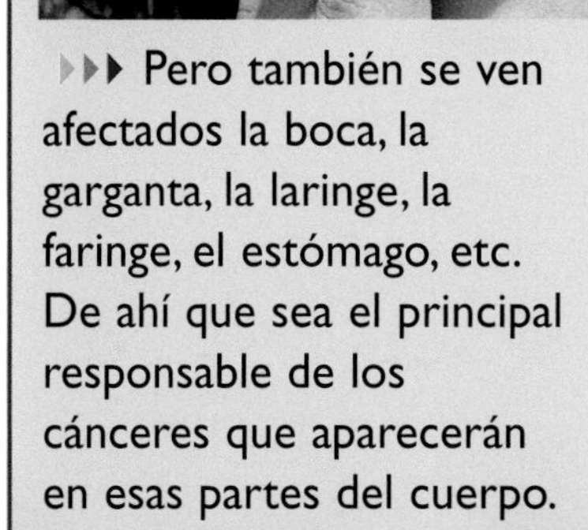

▸▸▸ Pero también se ven afectados la boca, la garganta, la laringe, la faringe, el estómago, etc. De ahí que sea el principal responsable de los cánceres que aparecerán en esas partes del cuerpo.

Nos quita el aire...

...el monóxido de carbono

Otro compuesto del tabaco, silencioso y apenas visible, pero muy letal, es el monóxido de carbono. Éste es un gas incoloro y muy tóxico (es el que se desprende del escape de los coches).

Se produce por la combustión del tabaco y del papel de los cigarrillos. Una vez que entra en el torrente sanguíneo desplaza el oxígeno que allí se encuentra. Esto produce que los tejidos y órganos del cuerpo tengan menos oxígeno.

autoridades sanitarias advierten
el humo contiene
nceno, nitrosaminas,
formaldehído
ianuro de hidrógeno

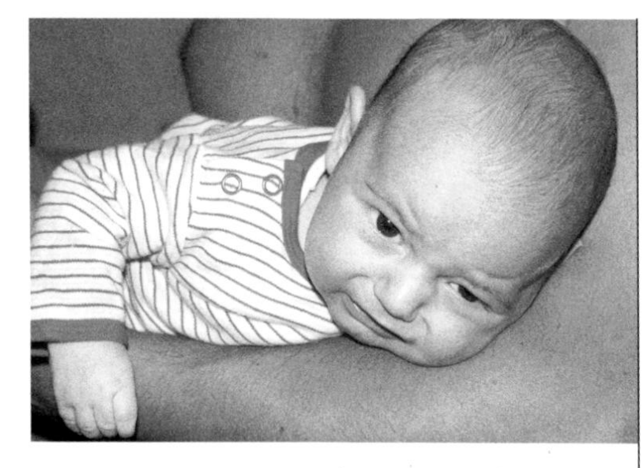

Tan importante y poderoso es el monóxido de carbono que es el responsable, por ejemplo, del bajo peso que al nacer tienen los hijos de fumadoras.

El consumo de tabaco lleva a que estas madres tengan hijos con menor peso al nacer, a que sufran más abortos espontáneos, muerte súbita posterior de los bebés, y así un amplio número de enfermedades.

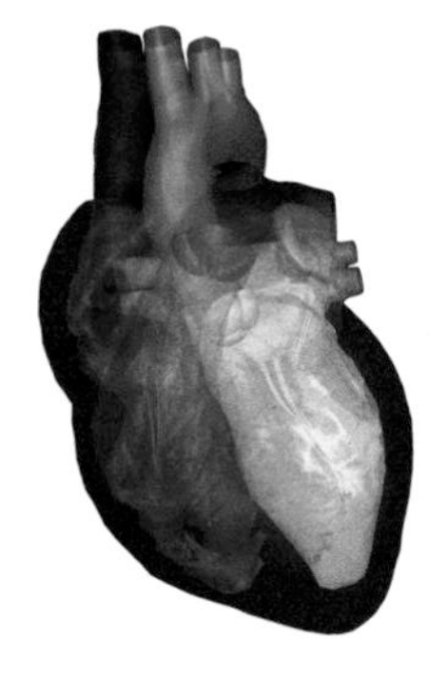

▸▸▸ Dado que impide oxigenar adecuadamente todo el cuerpo, tiene mucha influencia en la aparición de infartos de miocardio y de otras enfermedades circulatorias y pulmonares.

▸▸▸ Para que nos hagamos una idea de la relación que hay entre fumar y el monóxido de carbono que se aspira, podemos decir que cuando una persona fuma es como si se metiese en la boca lo equivalente a los humos de una chimenea contaminante, de esas que, por desgracia, a veces vemos, o que hemos visto en fotos o películas. Por eso es tan peligroso fumar, ya que es como si fumásemos (aspirásemos) lo equivalente a lo que echa una chimenea contaminante.

Porque lo que comienza siendo un tonteo de muchos jóvenes con el tabaco se puede convertir en la mayor atadura que van a tener a lo largo de su vida. Y cualquier atadura se convierte finalmente en una esclavitud, sobre todo si no hay modo de romper con ella, cuando uno quiere.

¿Por qué es tan peligroso fumar?

Muchos fumadores tienen la ilusión de que controlan el tabaco; la realidad es otra: el tabaco los tiene controlados.

La nicotina, principalmente, y otros múltiples componentes que van en el humo del tabaco, como por ejemplo el amoníaco y distintos saborizantes que se le añaden para que tenga mejor sabor, son responsables de ello. La nicotina es una droga psicoactiva con múltiples efectos en el organismo y en el comportamiento. Una vez que se ha llegado al nivel de dependencia, dejar de fumar es difícil o cuesta trabajo. Esto ocurre en los primeros años de consumo, cuando se es dependiente y cuando no se aprecian directamente aún los efectos en la salud. Cuando éstos aparecen, o cuando el fumador ve los efectos que a él le produce fumar (menos vigor físico, cansancio, fatiga, toses, etc.), es cuando aprecia que no puede dejar de fumar, o que no puede dejarlo en los primeros intentos.

Debido a las múltiples sustancias que van en el humo del tabaco, sabemos que lo que el

▸▸▸ Aunque les cueste dejar de fumar, muchos lo conseguirán. ¿Por qué? Porque contrapondrán su salud física a las graves consecuencias que les produce fumar. Pero tienen que llevar a cabo esa lucha y ganarla.

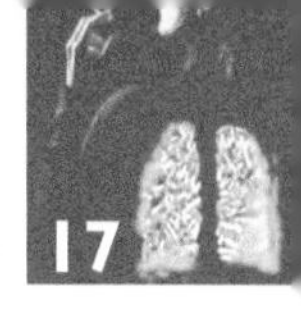

fumador inhala es muy peligroso. Va introduciendo en su organismo elementos cancerígenos y de todo tipo. De ahí que una parte de ellos, que son muchos, tenga enfermedades debidas al tabaco y que muera por ello, con mucha frecuencia siendo todavía joven (ej., a los 40 años); otros arrastrarán problemas pulmonares desde antes; y otros los tendrán años después.

▸▸▸ Por ello, muchos fumadores sólo se enfrentan a su problema al tener una enfermedad ocasionada por el tabaco. Antes, se negaban a reconocer lo que tenían delante, lo que hacían todos los días. Algunos de ellos se darán cuenta de esto muy tarde. De ahí la relevancia de que las personas no comiencen a fumar, de que no tonteen con los cigarrillos, y de que entre todos intentemos que no fumen. Así estaremos consiguiendo una vida más saludable para esas personas; que haya menos personas esclavas del tabaco; y también un mundo mejor sin los engaños y las tretas de las grandes multinacionales tabaqueras.

Algunos conceptos sobre las drogas que se aplican a todas ellas, como ocurre con la nicotina

Dependencia

Se produce cuando hay un uso excesivo de la sustancia, que produce consecuencias negativas significativas a lo largo de un amplio periodo de tiempo. La más importante es la dificultad o imposibilidad de dejar de consumirla cuando se ha establecido dicha dependencia.

Síndrome de abstinencia

Es el conjunto de síntomas y signos que aparecen en una persona dependiente de una droga (ej., nicotina) cuando deja bruscamente de consumirla o cuando la cantidad consumida es insuficiente respecto a la dosis habitual que consume.

Tolerancia

Estado de adaptación del organismo, caracterizado por la disminución de la respuesta de éste a la cantidad de droga que tomaba antes o la necesidad de tener que consumir una mayor dosis (más cigarrillos) para conseguir el mismo efecto que antes le producía esa droga.

Fumar es responsable de muchos miles de muertes cada año

Fumar ocasiona actualmente en España la muerte prematura de casi 50.000 personas cada año; es decir, 135 personas diarias y unas 1.000 cada semana.

En todos los hospitales españoles ingresa cada semana algún enfermo grave debido al consumo de cigarrillos, y varios de ellos se mueren. Esto lo sabemos desde hace muchos años, ya que cada vez se va dando más información, pero las compañías tabaqueras contaminan todo lo que pueden a la población con mentiras, engaños o verdades a medias para poder seguir manteniendo su negocio.

Poco les importa que sus clientes se mueran. Si los que mueren son substituidos por otros, los jóvenes, el negocio se mantiene. Por ello, tenemos que romper este círculo vicioso y desenmascararlos.

Número de muertos prematuros cada año en España por fumar cigarrillos:

48.477

Causas de esas muertes:

Tumores malignos	40%
Enfermedades cardiovasculares	35%
Enfermedades respiratorias	25%

Fumar también es el principal responsable de enfermedades pulmonares obstructivas crónicas, como bronquitis y enfisema. Otro conjunto de enfermedades con las que el tabaco tiene una gran relación es la cardiopatía, todo un conjunto de enfermedades del corazón, venas y arterias. Cada año miles de personas mueren en España de cardiopatías por fumar cigarrillos, como ocurre con los infartos agudos de miocardio.

También mueren por otros problemas cardiovasculares, como las enfermedades de las arterias, arteriolas y capilares, en las que los cigarrillos tie-

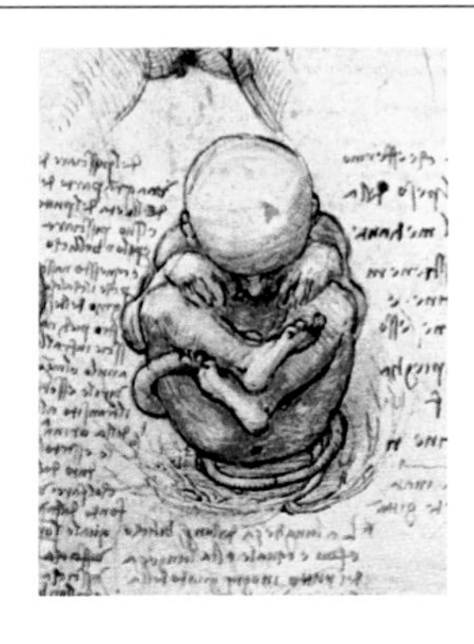

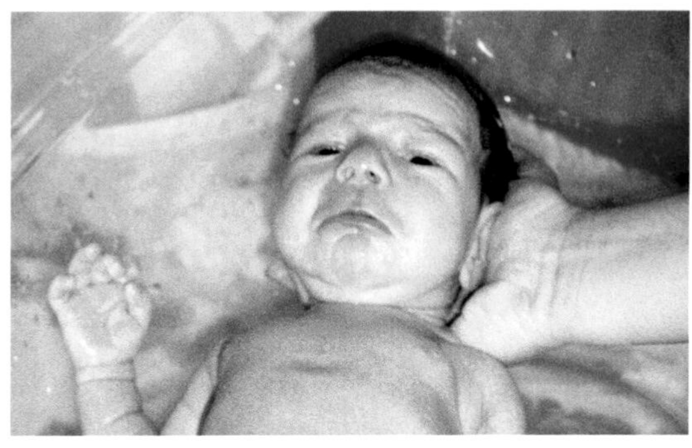

▸▸▸ **Uno de los problemas y alteraciones más importantes que produce el tabaco, les ocurre a la mujer fumadora y al feto, que es un fumador pasivo. Fumar explica el bajo peso de los bebés de madres fumadoras al nacer. Además, las mujeres que fuman tienen, respecto a las que no fuman, mayor número de abortos, de nacimientos prematuros, de muertes del feto antes del nacimiento o del bebé en los primeros días, de muerte súbita del bebé, de problemas respiratorios en sus hijos, etc.**

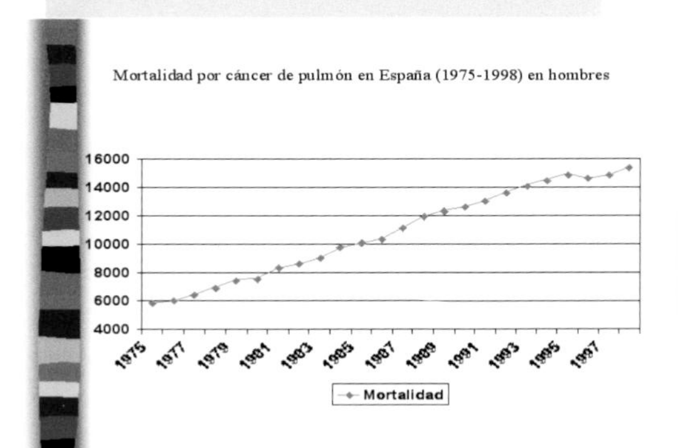

¿Cuáles son las principales causas de mortalidad?

Las más directamente relacionadas con el tabaco son distintos tipos de cáncer, especialmente el de pulmón, que resulta ser el cáncer más frecuente en los varones y el segundo en las mujeres. En otros países, como Estados Unidos, donde las mujeres llevan más tiempo fumando que en España, el cáncer de pulmón ya es la primera causa de muerte por cáncer entre las mujeres. Otros cánceres en los que hay una clara relación con fumar son los de la cavidad oral, esófago, laringe, vejiga y páncreas.

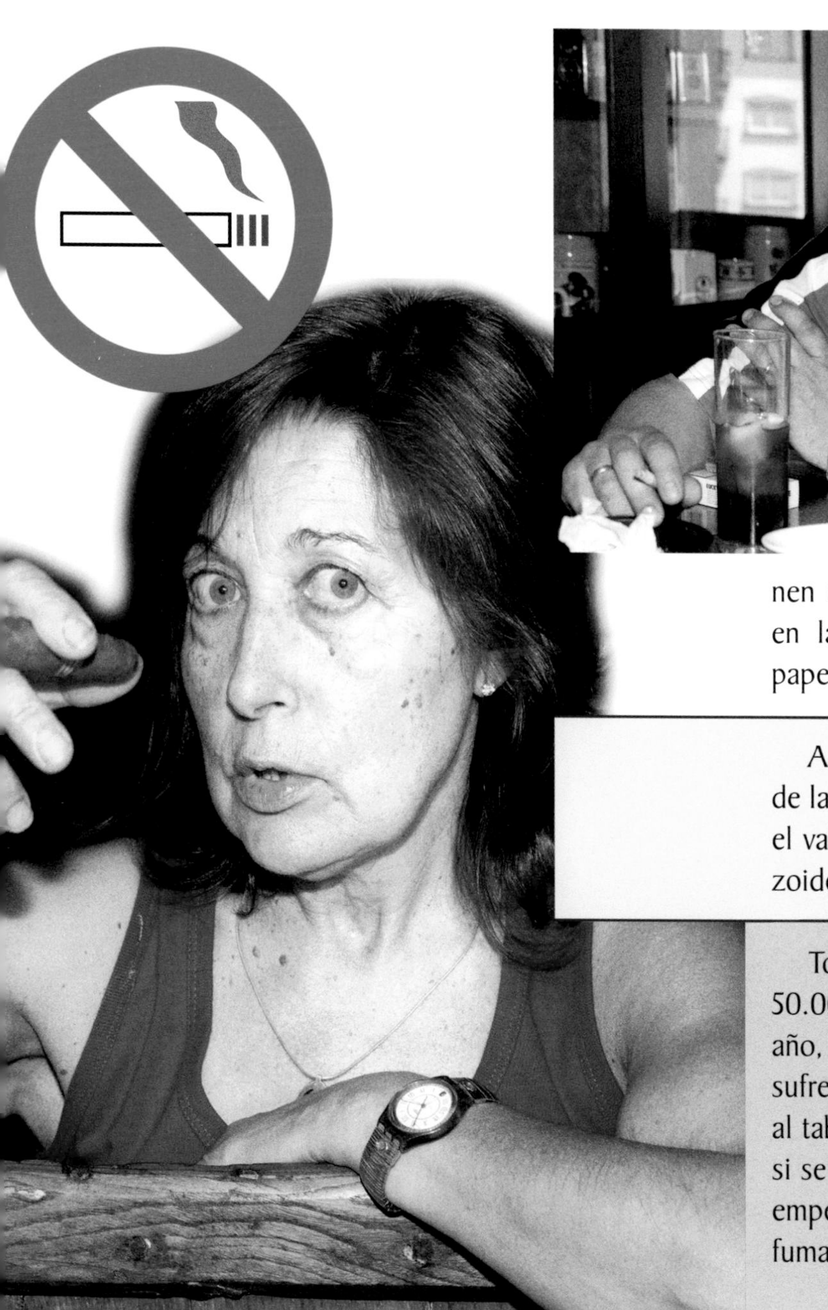

nen un peso importante. Hay otras enfermedades en las que los cigarrillos tienen un importante papel, como la úlcera de estómago.

Además, en la mujer, fumar acelera la aparición de la menopausia, le envejece antes la piel, etc. En el varón, fumar altera la formación de espermatozoides, incrementa los casos de impotencia, etc.

Todo lo anterior implica que junto a las casi 50.000 muertes prematuras que se producen cada año, varios otros cientos de miles de fumadores sufren anualmente muchas enfermedades debidas al tabaco. Éstas podrían evitarse si no se fumase o si se dejase de fumar. De ahí la importancia de no empezar a fumar o de convencer a quienes ya fuman de que lo dejen.

El caso de Manuel, enfermo de cáncer de pulmón

Manuel, 42 años. Siempre le ha gustado la juerga y pasárselo bien. Se casó a los 28 años con Ana, con la que ha tenido dos hijos, de 6 y 14 años, Adrián y Javier. Es una persona alegre y tiene muchos amigos. A lo largo de su vida nunca ha dejado de salir con sus amigos, solo, con su mujer o con sus hijos, de estar con sus familiares y tomar los vinos con su pandilla todas las tardes después de trabajar.

Desde muy joven ha fumado cigarrillos. Empezó a fumar a los 14 años. Pronto precisó fumar una gran cantidad de ellos.

Desde poco después de ser mayor de edad ha fumado dos cajetillas diariamente.

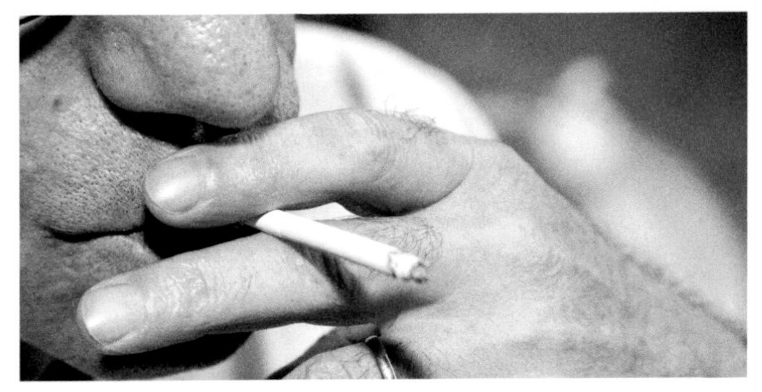

En ocasiones el tabaco le ha producido problemas, como falta de aire, toses, embotamiento... Nunca le ha dado importancia. Cree que es parte de fumar. ¡Y que no le hablen de dejar de fumar! Pero esto ha cambiado hace una semana. Primero le comenzaron unos dolores intensos en el pecho, que creyó que se debía a un esfuerzo o a una mala postura, luego le fue surgiendo un cansancio generalizado y, finalmente, empezó a tener esputos sanguinolentos. No tuvo más remedio que ir al médico, al que siempre ha procurado evitar, y revisarse para ver lo que le ocurría.

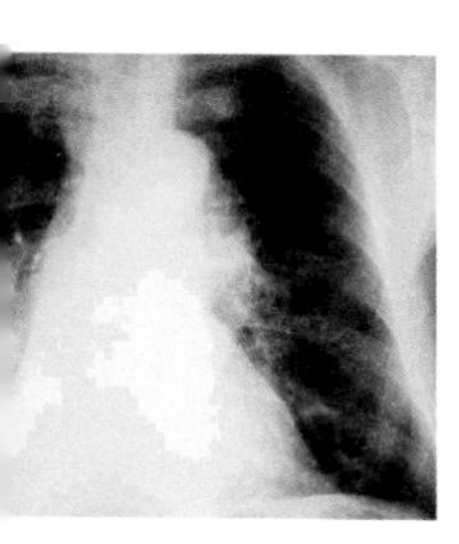

El pronóstico no ha podido ser peor: tiene un cáncer de pulmón avanzado. Como se sentía joven y fuerte no le preocupaban los síntomas que ya tenía. Creía que eran normales.

Han pasado ocho meses desde que a Manuel le diagnosticaron el cáncer de pulmón.

Ayer se murió, pocas semanas después de cumplir 43 años. Deja destrozados a su viuda y a sus dos hijos huérfanos. En las últimas semanas de su vida maldecía el día en que comenzó a fumar. Pero ya era tarde. No ha podido sobrevivir a su cáncer de pulmón.

Ejercicio:

Identifica personas de tu entorno que tengan problemas con el tabaco o que se hayan muerto por fumar cigarrillos en los últimos años (familiares u otras personas):

- Indica el parentesco con esa persona o de qué la conoces
- ¿Fumaba o fuma cigarrillos?
- ¿Ha tenido o tiene enfermedades relacionadas con fumar?
- ¿Murió por una enfermedad causada por el tabaco?

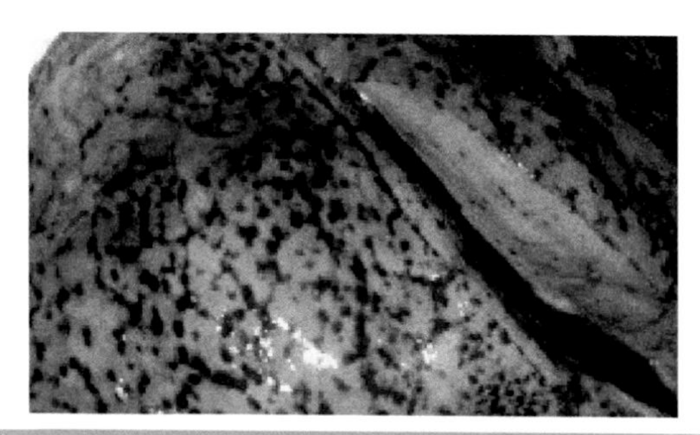

Alquitrán

Es una sustancia untuosa, de color oscuro, olor fuerte y sabor amargo.
Se desprende fundamentalmente de la combustión del tabaco y del papel del cigarrillo.
En él van toda una serie de sustancias altamente nocivas para la salud.

- Es el responsable de la gran mayoría de los cánceres que produce el tabaco.

Monóxido de carbono

Es un gas incoloro, muy tóxico.
Se produce en la combustión del tabaco y del papel del cigarrillo.

- Reduce el abastecimiento de oxígeno a los distintos tejidos y órganos del cuerpo.
- Es el responsable del bajo peso de los niños que nacen de madres fumadoras.
- Tiene un gran peso en la aparición de infartos de miocardio y otras enfermedades cardiovasculares y respiratorias.

¿Por qué algunas personas jóvenes prueban un cigarrillo?

Son varias las razones que llevan a personas jóvenes a probar un cigarrillo. Unas son sencillas y otras más complejas. Las siguientes son algunas de ellas:

Factores de predisposición: que fumen los padres, que se tenga una tendencia personal a probarlo todo, que sea fácil socialmente consumir tabaco a cualquier edad, etc.

Características relacionadas con la edad (para probar por primera vez un cigarrillo, para salir y poder tener más libertad); con el sexo (hasta hace unas décadas sólo fumaba predominantemente el varón, actualmente por igual hombres y mujeres jóvenes); con la educación que se haya recibido, tanto en casa como en la escuela, las normas que haya en casa sobre este tema, los valores sociales y familiares que haya sobre fumar (ej., hay diferencias en el consumo según el credo religioso), etc.

Disponibilidad. Ésta es una variable esencial para explicar el consumo de tabaco. A mayor disponibilidad, es decir, posibilidad de conseguirlo, mayor riesgo de hacerse con él. La existencia de máquinas expendedoras, venta en estancos, kioscos, bares, restaurantes, y así un largo etcétera, hace que el tabaco esté más disponible que productos básicos como el pan y la leche, al existir miles y miles de puntos de venta.

Factores personales de tipo cognitivo y de expectativa ante los cigarrillos. Esto se refiere a que muchos jóvenes, por todo lo que venimos diciendo hasta aquí, concluyen –o les hacen concluir– erróneamente, que fumar es lo normal, que fumar no tiene que ser tan malo, que ellos tienen una salud de hierro y no les va a afectar nada, etc., y por ello prueban los cigarrillos y fuman. Al fumar esperan ser o verse con el aire de sofisticación del actor X de la película que acaban de ver, o del cantante que acaban de escuchar, o del campeón de motociclismo o automovilismo que corre en el coche que anuncia tabaco, etc. Si no encuentra este efecto es que ha probado poco;

tiene que seguir probando. Y seguir probando le llevará a la adicción a la nicotina. Cuando quiera parar no podrá.

Coste económico.
El tabaco es barato. Si algo es barato hay mayor probabilidad de obtenerlo. Ésta es una de las características esenciales de las leyes del mercado. Por ello, es preciso subir el precio del tabaco para disuadir a la gente de que fume.

PUBLICIDAD.
La publicidad del tabaco es una de las armas fundamentales que utiliza la industria tabaquera para reclutar a nuevos fumadores. Por su relevancia lo veremos más ampliamente en el punto siguiente.

Y, finalmente, hay claros efectos en el propio organismo, debido a la nicotina que incide en los receptores nicotínicos y al poder de asociación (aprendizaje) de los cigarrillos con múltiples personas, lugares, estados de ánimo, etc. Todo ello incide en que cuando se quiera dejar de fumar sea difícil o cueste un poco.

Carencia de habilidades en situaciones como el aburrimiento, o cuando alguien cree que fumando controlará mejor su peso y no engordará. Se ha generalizado la creencia en algunos jóvenes de que el tabaco es como un amigo. Ni el tabaco es un amigo ni nos puede ayudar, pero tenerlo en la mano lleva a algunos jóvenes a pensar que tienen en ella algo importante. Años después, se arrepentirán de ello. De igual modo, algunos piensan que fumando no tendrán hambre. Grave error, porque con ello se harán adictos a los cigarrillos.

El engaño de la publicidad

El objetivo de cualquier industria es vender su producto y con ello ganar dinero. Con ese dinero puede producir una mayor cantidad de productos, vender más y, por consiguiente, ganar aún más dinero.

La industria del tabaco, como cualquier empresa, tiene como objetivo fundamental vender más y ganar la máxima cantidad de dinero. Poco le importa si una parte de sus clientes se mueren años después por fumar su producto cancerígeno. Además, las empresas del tabaco son multinacionales que utilizan una parte de sus beneficios para obtener poder e influencia. Esto explica que en ocasiones resulte difícil controlarlas, a pesar de vender un producto que, como indican en las cajetillas de sus cigarrillos, "mata". Ésta es la triste realidad del tabaco y de las tabaqueras.

Las tabaqueras tienen un arma

esencial para conseguir sus objetivos: la publicidad. El objetivo de la publicidad es vender más. Y, en el caso del tabaco, llegar a los más jóvenes, niños y adolescentes. De ahí la importancia de prohibir toda la publicidad de tabaco. A eso es a lo que se oponen más las tabaqueras. Sin publicidad de tabaco es más difícil llegar a los más jóvenes. Además, la publicidad que emiten es engañosa. En ella se transmiten valores como la libertad, la juventud, la independencia, la naturaleza, la liberación, la amistad, el placer, la madurez, el éxito sexual, el rendimiento deportivo, el buen estado físico, el triunfo, la seducción, etc. En la práctica, el producto consigue lo contrario: la adicción o esclavitud del individuo a la sustancia que venden, a los cigarrillos, a la droga nicotina que contiene y que mata a tantos miles de personas cada año.

Uno de los tipos de publicidad que más le interesa a las tabaqueras es la relacionada con los acontecimientos deportivos, como carreras de motos, Fórmula 1, rallies, vela, etc. El motivo es bien sencillo. Los principales consumidores de este tipo de acontecimientos son los jóvenes. A los niños también les interesan mucho. Las tabaqueras aprovechan estos acontecimientos deportivos para promocionar directamente a los corredores o marcas de motos o coches. Lo hacen colocando su publicidad encima de estos vehículos, y bien a la vista. Es un tipo de publicidad ambulante, pero muy efectiva, ya que se ve durante mucho tiempo, a veces durante horas. Con ello se consigue el objetivo de que quien lo vea retenga la marca, la asocie con algo que a uno le gusta, y también que se asocie a valores positivos (ej., deporte, diversión, triunfo), e incremente la probabilidad de que uno quiera probar eso que ha visto durante tanto tiempo.

Al día siguiente del acontecimiento deportivo se puede ver la foto del ganador, con la marca de cigarrillos anunciada en su vehículo y en la ropa que lleva puesta, en la prensa diaria, en los periódicos deportivos, en la televisión... Es un modo de anunciarse directamente, con engaño, haciendo pasar su producto por otra cosa, pero haciendo claramente que los jóvenes asocien el producto con valores que ellos aprecian, como el deporte, ser intrépido, ganador, triunfador, arriesgado, campeón, etc.

¿Por qué cada vez vemos más tabaco en las películas?

En los últimos años se ha ido restringiendo la publicidad de tabaco en distintos lugares en los países desarrollados, como en la televisión, radio, revistas, prensa diaria, así como en vallas publicitarias y otros múltiples lugares.

Pero la industria del tabaco no se queda quieta y utiliza todos los trucos y artimañas que puede para anunciar su producto, con el objetivo de hacer caer y de enganchar en sus garras a los incautos. Uno de los trucos más recientes que utiliza es la financiación de parte del coste de películas de cine para que salgan bien visibles en ellas los cigarrillos y las marcas, a través de las cajetillas o de los actores fumando. Esto es evidente en la industria del cine, sobre todo en la de Hollywood, que precisa de mucho dinero para financiar sus películas. Lo han demostrado investigadores pacientes que han analizando cientos y cientos de películas y leído los documentos confidenciales de

las tabaqueras, que éstas han tenido que hacer públicos en Estados Unidos, obligadas por el gobierno de ese país. En ellos indican su estrategia de

Uno de los más recientes trucos que utilizan es la financiación de parte del coste de películas de cine para que salgan bien visibles en ellas los cigarrillos.

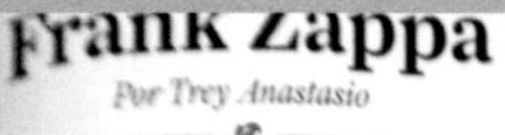

CUANDO EMPEZÁBAMOS CON PHISH, SOLÍAN decir que éramos como si Frank Zappa se hubiera juntado con los Grateful Dead. Suena un poco raro, pero Zappa fue muy importante para mi como compositor y guitarrista. Creo que, después de Jimi Hendrix, es quien mejor ha tocado la guitarra eléctrica. Zappa conceptualizó el instrumento de una forma completamente nueva, sonora y rítmicamente. Exploró sus límites.

Nunca olvidaré la primera vez que le vi en directo, en Nueva York, cuando yo estaba en el instituto. Dejaba la guitarra a un lado mientras dirigía a la banda. Ayudaba a afinar al teclista mientras fumaba y bebía café. Y no volvía a cogerla hasta que todo estaba en marcha. Entonces llegaba su momento: se adelantaba y tocaba el riff más hermoso y desgarrador que se pue-

anunciarse en el cine para llegar a los más jóvenes e incitarlos a fumar.

Pero esto no ocurre sólo en Estados Unidos, también se ha extendido a otros muchos países. Por ello, no es de extrañar ver a los actores fumando, aunque la escena no lo exija; o que se creen escenas específicas, para justificar que salgan fumando. El objetivo que pretenden es claro, ¿verdad?

▸▸▸ Pero lo que acabamos de decir no es nada nuevo. Ya hace más de una década, un estudio escandalizó a los ciudadanos norteamericanos. En él encontraron que los niños de guardería, de 3 a 6 años de edad, reconocían por igual el logotipo de Mikey Mouse, uno de los principales héroes para los niños norteamericanos, y el logotipo de Joe, el camello de la marca de cigarrillos Camel. Para hacernos a la idea de lo que estamos hablando, el 90% de los niños de 6 años reconocían perfectamente al camello Joe y sabían qué anunciaba: naturalmente, tabaco, e incluso la marca concreta.

Las tabaqueras apuestan por los adictos y por su negocio

Está claro todo lo que hemos dicho hasta aquí: el objetivo de las tabaqueras es vender tabaco, venderlo al precio que sea, aunque éste sea el sufrimiento y la muerte de miles y miles de fumadores cada año. Poco les importa. Lo que de verdad les importa es que no les desciendan sus beneficios.

Si la gente deja de fumar, el negocio se apaga. Para que esto no les ocurra, precisan reclutar a jóvenes que comiencen a fumar, para sustituir a las personas de más años que se van muriendo por fumar o que lo dejan ante las consecuencias que les produce en la salud. Éste es el motivo por el que casi todas las personas dejan de fumar: la salud.

Por suerte, hay cambios positivos en este tema. Cada vez son más las personas que se dan cuenta de que el tabaco es adictivo, de que es una droga y causa sufrimiento y muerte a muchas personas. Está claro que la salud tiene que prevalecer ante la enfermedad y ante los intereses de unos pocos. Entre todos podemos conseguir que la gente no fume, que los que fumen dejen de fumar, y que nuestra salud y la de los que nos rodea sea mejor.

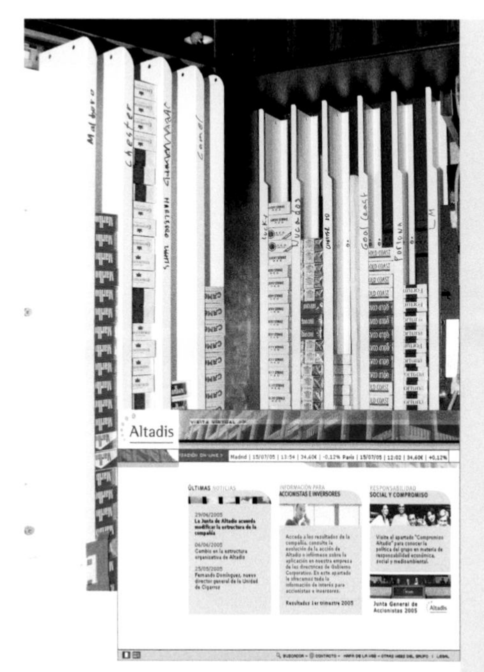

¿Por qué la industria tabaquera gasta tanto dinero en publicidad orientada a los menores de edad?

Tal como indica el documento técnico del Comité Nacional para la Prevención del Tabaquismo:

- Para mantener su negocio el mercado de tabaco necesita captar cada día 480 nuevos clientes entre los niños, niñas y adolescentes españoles.
- Para sustituir a las personas que dejan de fumar y a las que mueren prematuramente por causa del consumo de tabaco, en España, la industria del tabaco necesita reclutar más de 175.000 nuevos clientes al año para asegurarse sus actuales beneficios.

Fumar produce dependencia

El consumo de tabaco va aumentando poco a poco en una persona, desde que se prueban los primeros cigarrillos, en la niñez y adolescencia, hasta la juventud y edad adulta, que es cuando se consolida la adicción y la dependencia a la nicotina.

▸▸▸ La consolidación del consumo viene determinada por varios factores de tipo: biológico, psicológico y social. Hay que considerar los tres conjuntamente, igual que hacemos cuando hablamos de cualquier otra droga.

Los efectos psicofarmacológicos de la nicotina se deben al poder reforzante que contiene a través del reforzamiento positivo (satisfacción, placer, disfrute) y del reforzamiento negativo (evitar los efectos negativos de la abstinencia). La nicotina tiene un poderoso efecto psicofarmacológico sobre el sistema nervioso central. Se absorbe rápidamente y llega en pocos segundos al cerebro al atravesar la barrera hematoencefálica. Produce efectos eufóricos y sedativos modulados por la dosis, procesos neurohormonales, etc. Además, la ingestión continua de nicotina, como cualquier otra droga, produce tolerancia, dependencia y síntomas de abstinencia físicos y psicológicos al dejar de fumar.

▸▸▸ A partir de aquí, el fumador establece distintas asociaciones condicionadas a partir de ese potente reforzador que es la nicotina, en distintas situaciones, con otras personas, en distintos estados psicológicos y sociales, y así un largo etcétera.

¿Por qué ocurre esto?

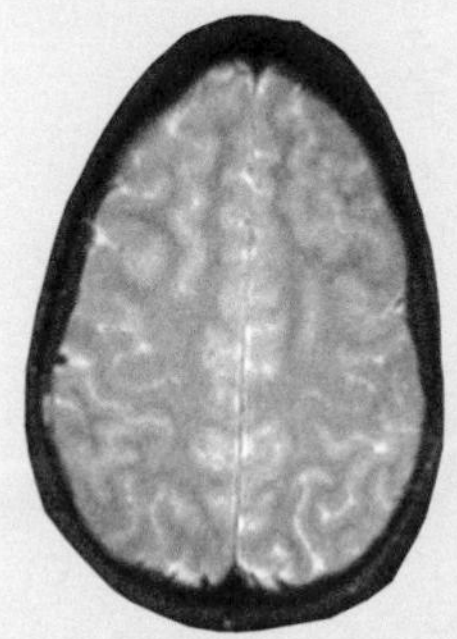

▸▸▸ Por algo muy sencillo. En nuestro cerebro tenemos receptores nicotínicos que se activan y sensibilizan cuando fumamos. Si no lo hacemos no se activan ni se sensibilizan. Si fumamos comienza el proceso adictivo.

El resultado final, ser o no dependiente de la nicotina, va a depender de la historia biológica y genética previa de cada uno, de sus procesos de aprendizaje, motivación, expectativas, metas, cogniciones y medio social en el que vive. Por ello, la sustancia no es suficiente para explicar la dependencia. Hay que considerar la sustancia, el individuo y su entorno.

Pero cuando se fuma, se incrementa el riesgo de desarrollar una adicción a la nicotina, lo que no ocurre con otros productos de la naturaleza (ej., las naranjas), cuando no existen receptores específicos que permitan llevar a sus consumidores a la adicción.

Poco a poco se establecen más y más asociaciones condicionadas.

Al final, tiene que fumar en múltiples situaciones y el tabaco cumple un gran número de ellas, entre las que destaca su utilización como una herramienta psicológica para manejar un estado de ánimo negativo, reducir el estrés, afrontar mejor todo tipo de situaciones, controlar el peso, etc. A su vez, en el lado contrario, va negando, minimizando o considerando que la información que recibe sobre el tabaco no le afecta a él; en todo caso, afectará a otros fumadores, ya que él estaría "inmunizado". Eso es lo que cree.

La aceptación, facilitación y potenciación del consumo de tabaco en nuestro medio ayuda a mantener estas falsas creencias, como ocurre al ver a familiares, amigos o compañeros fumando, por culpa de la potenciación del tabaco, en ocasiones, en los medios de comunicación; por polémicas sobre el tabaco en los mismos; informaciones sesgadas; además de la publicidad directa e indirecta sobre el tabaco que vemos con frecuencia, o las personas importantes (ej., actores, cantantes) que también fuman o hacen ostentación de fumar.

Los receptores nicotínicos

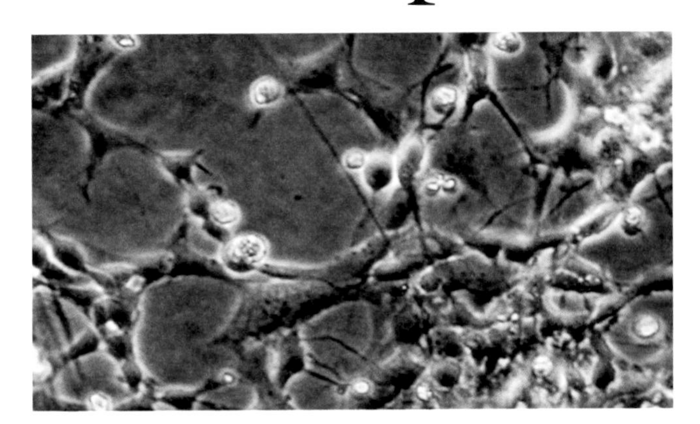

En el cerebro tenemos unos receptores que se llaman receptores nicotínicos. Son los responsables de que muchas de las personas que fuman se conviertan en adictas a la nicotina.

Se caracterizan por producir una respuesta neuronal casi inmediata cuando les llega la nicotina. Cuando la persona fuma se multiplica el número de receptores nicotínicos.

Al dejar de recibir nicotina éstos la demandan. De ahí que el individuo pase a tener una sensación de malestar y nerviosismo. Éste le pasa si fuma un cigarrillo, ya que la nicotina del cigarrillo se fija, se pega, a estos receptores y así se mantiene la homeostasis.

Pero, a partir de aquí, tiene que seguir fumando. Si lo deja, tiene que pasar unos días con ese malestar hasta que lo supere.

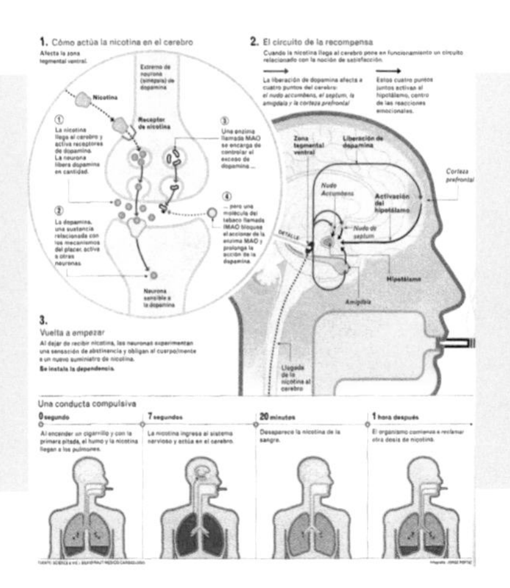

▸▸▸ Si la persona lleva poco tiempo fumando, al dejar de fumar, decrece el número de receptores nicotínicos. Por ello, cuanto antes deje de fumar la gente, menos le costará conseguirlo.

La disponibilidad y el precio del tabaco

La disponibilidad y el precio del tabaco son importantes factores que facilitan que las personas fumen o que puedan comenzar a fumar.

En España es muy fácil conseguir cigarrillos. Están en todas partes. Realmente es más fácil conseguir cigarrillos que productos básicos como el pan o la leche. Además, el precio del tabaco es muy barato.

En España tenemos actualmente el precio del tabaco más barato de toda la Unión Europea. Hay marcas en que la cajetilla cuesta solo 1,5 euros y que están dirigidas claramente a los más jóvenes. En algún otro país europeo el precio de la cajetilla es de 7 euros, y cuestan igual todas las marcas de cigarrillos.

▸▸▸ Subir los precios es una medida que influye positivamente en el hecho de que las personas dejen de fumar y que muchas personas no se inicien en el consumo.

¿Soy más libre si fumo?

Algunos jóvenes piensan que si fuman serán más libres. La realidad indica que ocurre todo lo contrario.

El descubrimiento, expansión, comercialización, publicitación y difusión a escala mundial del tabaco, ha sido uno de los más graves accidentes que han ocurrido en la historia de la humanidad.

Este hecho, fumar cigarrillos, explica hoy la muerte de 3 millones de personas fumadoras en el mundo cada año. Y la cifra seguirá creciendo si los países no toman medidas para su control. Por suerte, en el nuestro, cada vez fuma menos gente y la epidemia de tabaco se irá reduciendo en los próximos años.

¿Por qué piensa el joven que puede ser más libre fumando? Porque se lo dice la publicidad del tabaco. Ésta está muy bien hecha, ya que se orienta a los valores de los adolescentes: aparecen cuerpos bonitos, encaja con lo que se desea, etc.

Al tiempo, la industria tabaquera financia asociaciones que dicen ser defensoras de la libertad y de otros valores con los que están de acuerdo los jóvenes, (como lo estamos todos) pero con un engaño, ya que el objetivo es "contaminar" informativamente a la población, a través de los medios de comunicación, con la idea de vender que el tabaco es un acto de libertad.

Como hemos visto, cuando hay una adicción o una droga de por medio, poca libertad se puede tener.

Desenmascarar a estos grupos y personas es importante. Lo que menos les importa a las tabaqueras es la libertad, y lo que más su negocio. Poco les preocupa la explotación infantil en las plantaciones de tabaco, la deforestación de muchos países al quemar directamente leña de bosques para curar las hojas del tabaco, las enfermedades causadas por pesticidas a los trabajadores del tabaco en países subdesarrollados, el contrabando de tabaco que a veces potencian directamente para facturar más, la financiación irregular de partidos políticos como se ha podido demostrar en distintos países de Europa y otras latitudes, etc. Las pruebas en su contra son irrefutables. La propia Unión Europea ha sancionado a varias empresas tabaqueras en diversas ocasiones con fuertes cantidades de dinero.

▸▸▸ El tabaco es un producto que con los años tiene que desaparecer o quedar como un mero hecho anecdótico. Esto es posible, aunque tardaremos varias décadas en ver cómo desciende el número de fumadores existentes. La salud y el bienestar del individuo, de toda la humanidad, tiene que estar por encima de cualquier interés comercial que lleve a la muerte de las personas, miles y miles de personas, debido al tabaco.

No contaminemos el planeta, no fumemos

Por suerte, cada vez tenemos mayor conciencia ecológica. El acuerdo de Kyoto, del que tanto oímos hablar, es una prueba de ello.

Pero nos queda mucho por andar para llegar al equilibro natural que se ha perdido en muchos aspectos de la vida en nuestro planeta Tierra, como es evidente si pensamos en la pérdida parcial de la capa de ozono en las últimas décadas.

Uno de los contaminantes directos e indirectos es el tabaco.

A lo largo de todo el proceso de producción del tabaco, que se lleva a cabo fundamentalmente en países subdesarrollados, el impacto ambiental es claro. Los principales países productores de tabaco del mundo son, en primer lugar, China, seguida por Estados Unidos, Brasil, India y Rusia. Las consecuencias medioambientales de la producción del tabaco en esos países, especialmente en China, Brasil e India, son importantes.

En los países desarrollados, el secado de tabaco exige la utilización de energía. Pero el problema más grave es que, debido a la contaminación que produce el tabaco en casa, en bares, en oficinas, etc., es necesario airear, perder la energía acumulada cuando se hace esto, utilizar más el aire acondicionado para eliminar

Para secar el tabaco se utiliza leña de los bosques. Esto ha llevado a que zonas completas de la India se hayan desforestado por este motivo. Al ser gratis la leña, no se gasta otro tipo de energía, pero se destruye un hábitat y se empobrece a las personas que viven en él. Esto trae pobreza a la larga.

las partículas de humo, y así un amplio etcétera. Por ello, el que fuma, se contamina a sí mismo, e incrementa la contaminación y gasto de energía de todo tipo para paliar las consecuencias del humo ambiental que le rodea. Esto ocurre porque en cada país hay millones de fumadores. Si dejasen de fumar varios millones de personas, los efectos beneficiosos para ellos y para el medio ambiente se apreciarían en muy poco tiempo.

▸▸▸ El tabaco también contamina la tierra con los pesticidas que se utilizan para su cultivo, su planta es transgénica, se utilizan tierras de cultivo buenas de países subdesarrollados que podrían utilizarse para producir alimentos, etc. Y, más cercano a nosotros, el tabaco es fuente de suciedad continua, como vemos con la ceniza y las colillas esparcidas por la arena de las playas, en las oficinas, en los bares, en la calle, en casa...

¿Por qué les cuesta tanto dejar de fumar a los fumadores?

Comenzar a fumar es un proceso gradual. Nadie va a probar un solo cigarrillo y se va a hacer un fumador dependiente de una cajetilla diaria en una semana o en un mes. El proceso es lento, paulatino, sibilino... pero efectivo para llegar a ser dependiente.

El organismo va poco a poco precisando más nicotina, por el fenómeno de tolerancia a las drogas que ya hemos visto anteriormente. Esto lleva a que, poco a poco, se vaya incrementando el consumo de tabaco, y que sea difícil dejarlo, hasta que llegue al tope que tolera el cuerpo después de varios años fumando. Y, una vez en ese tope, es obvio que hay una fuerte dependencia de una droga llamada nicotina.

Como sabemos, las drogas enganchan a las personas. La nicotina, como una potente droga que es, también lo hace. Cuando la persona quiere dejar de fumar, una parte de ella quiere pero otra parte se lo impide. Empieza una lucha entre querer y poder.

Ésta puede ser corta o larga. En un caso u otro hay que ayudar al que fuma para que lo pueda conseguir.

▸▸▸ Si no tiene acceso a los cigarrillos, si no lleva cigarrillos encima, si no puede fumar en ciertos sitios, por ejemplo, fumará menos y dejará más fácilmente de fumar. Así podrá ir debilitando su adicción hasta que un día, el gran día, decida dejar de fumar, lo consiga y se mantenga así en adelante.

El amoníaco: cómo hacer los cigarrillos más adictivos

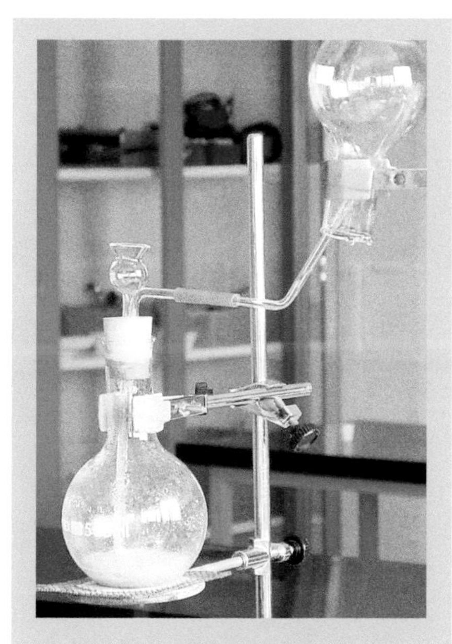

Sabemos desde hace unos años que la industria tabaquera añade amoníaco a sus cigarrillos con un claro objetivo: hacerlos más adictivos. Esto se silencia, o se procura silenciar, porque es otro modo más de engañar a los fumadores.

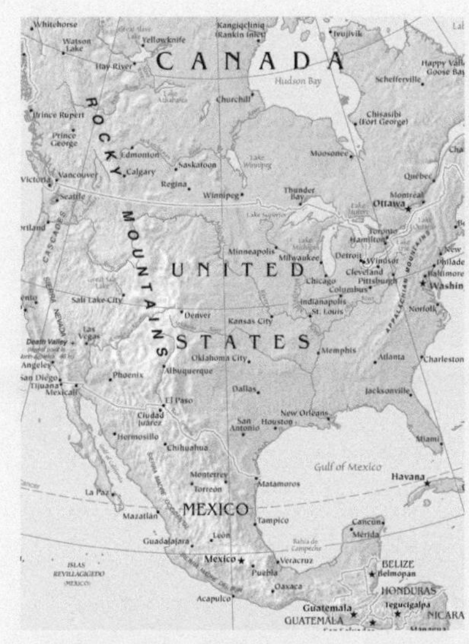

Añadir amoníaco a los cigarrillos ha sido el motivo por el que la industria tabaquera ha sido condenada en Estados Unidos a pagar cantidades astronómicas de dólares a la administración pública, puesto que engañaba a los consumidores y al gobierno.

En Europa, como en España, la industria tabaquera le añade a todos los cigarrillos amoníaco.

Las mujeres fumadoras

Un nuevo fenómeno actual sobre el tabaco en España es que hay más mujeres adolescentes que varones que fumen. ¿A qué se debe esto? Los motivos son varios.

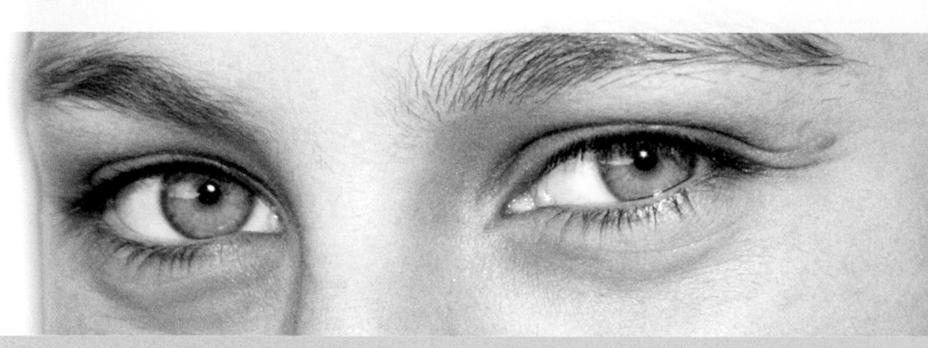

El primero es la igualdad de sexos. La mujer ha conseguido ser igual al varón en muchos aspectos, sobre todo socialmente (ej., laboral, político, etc.) aunque no en todos. Las tabaqueras se han aprovechado pronto de esta tendencia social de la igualdad para convencer a las mujeres, especialmente a las niñas y a las adolescentes, de que fumando estarán más igualadas a los hombres. La consecuencia es desastrosa para su salud.

El segundo es que, en los últimos años, han alterado la composición del tabaco para producir, con sus componentes, mayor adicción. Esto va orientado a los más jóvenes. El caso del amoníaco es el más conocido. Esta sustancia, añadida al tabaco, incrementa su poder de adicción. El tabaco que se fuma en España tiene añadido amoníaco.

El tercero es la publicidad, que en los últimos años va dirigida, de modo predominante, a los adolescentes y, especialmente, a las mujeres. La igualdad de sexos no debería pasar por la igualdad en enfermedades y muertes. Esto nunca ha ocurrido en la historia de la humanidad, con relación al consumo de tabaco. Esperemos que no ocurra. Como ya hemos visto, el consumo de tabaco para la mujer es aún peor que para el hombre, ya que si está embarazada o tiene hijos no sólo se contamina a ella, sino que también contamina a sus hijos, con el humo del tabaco.

El tabaco ha incrementado la mortalidad prematura en las mujeres

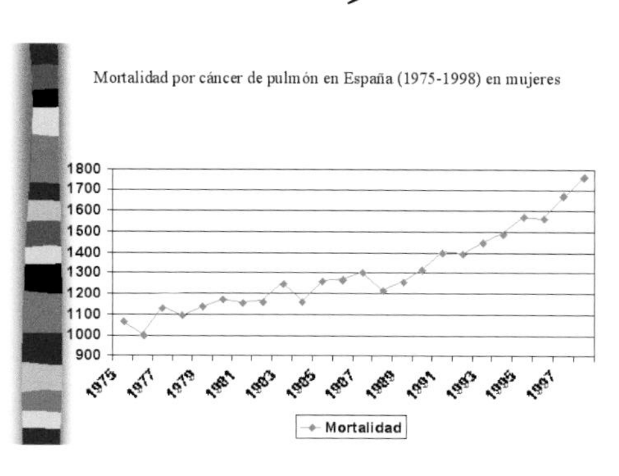

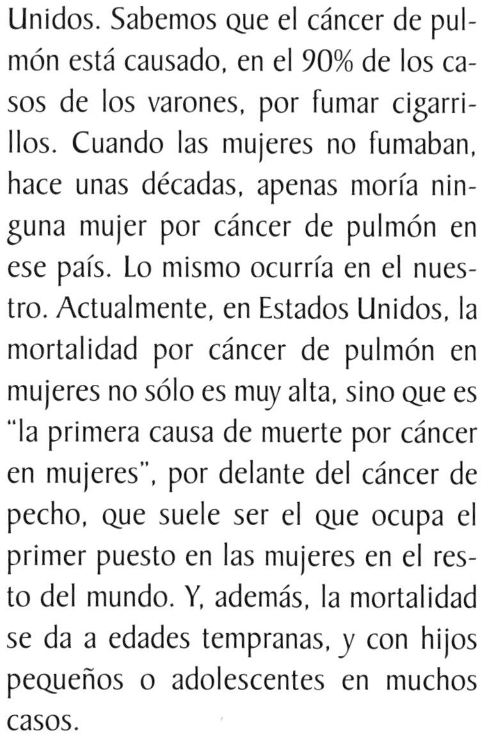

Sabemos que actualmente una de las causas principales del incremento de la mortalidad femenina prematura es el tabaco. Quizás el dato más claro lo veamos en la mortalidad en Estados Unidos. Sabemos que el cáncer de pulmón está causado, en el 90% de los casos de los varones, por fumar cigarrillos. Cuando las mujeres no fumaban, hace unas décadas, apenas moría ninguna mujer por cáncer de pulmón en ese país. Lo mismo ocurría en el nuestro. Actualmente, en Estados Unidos, la mortalidad por cáncer de pulmón en mujeres no sólo es muy alta, sino que es "la primera causa de muerte por cáncer en mujeres", por delante del cáncer de pecho, que suele ser el que ocupa el primer puesto en las mujeres en el resto del mundo. Y, además, la mortalidad se da a edades tempranas, y con hijos pequeños o adolescentes en muchos casos.

▸▸▸ Por desgracia, si no se toman medidas urgentes, en España viviremos en los próximos años una epidemia de muertes por cáncer de pulmón en mujeres. El único modo de que esto no ocurra es que dejen de fumar y que las mujeres jóvenes no se inicien en este hábito.

¿Por qué no debemos fumar?

Fumar no tiene sentido. Los cigarrillos contienen esa droga llamada nicotina que produce dependencia. El que empieza a fumar, si sigue fumando, va a tener luego problemas para dejar de fumar, cuando quiera hacerlo. La nicotina es una droga muy potente, mucho más de lo que las personas creen. De ahí que tantos adultos sean dependientes de ella y que sea la responsable de la primera causa de muerte evitable de los países desarrollados.

▸▸▸Junto a todo ello, las personas que fuman acaban teniendo más problemas de salud física y mental. Junto a los problemas de salud física que ya hemos visto, los que fuman tienen mayor nivel de depresión, ansiedad, estrés, etc. Por ello, está claro, que lo mejor es no fumar, no probar nunca un cigarrillo. Así evitaremos males presentes y futuros.
No olvidemos que, si no fumamos, ayudamos a conservar mejor el planeta y a conservarnos mejor a nosotros mismos. ¿No vale esto la pena?

Como dice un anuncio reciente, fumar es una conducta tonta. Hay que tener algo en la mano, meterlo en la boca y aspirar un humo contaminado. Pocas conductas hay más tontas que ésta. Sólo se mantiene por la dependencia que les ha producido.

Pero además, los que fuman se manchan, huelen peor, su aliento es desagradable y si tienen que darle un beso a un chico o a una chica, éste es nauseabundo. Por otro lado, dejar de fumar les es difícil, más difícil conforme fuman más.

Si has probado un cigarrillo, no pruebes el siguiente... déjalo

Algunas personas lo quieren probar todo. Es como si fuese una necesidad. Pero esto acarrea consecuencias en muchos casos, como con el tabaco.

Siempre es mejor no probar nunca un cigarrillo. Si no se prueba ni uno, ya no se probará un segundo, luego un tercero... y la persona no se hará dependiente. Algunos estudios han indicado que con probar muy pocos cigarrillos la persona ya queda predispuesta a ser dependiente de la nicotina.

Conclusión de todo lo anterior: es mejor no probar nunca ningún cigarrillo y, si ya los has probado alguna vez... déjalos, abandónalos para siempre.

Cómo decir NO si te ofrecen un cigarrillo

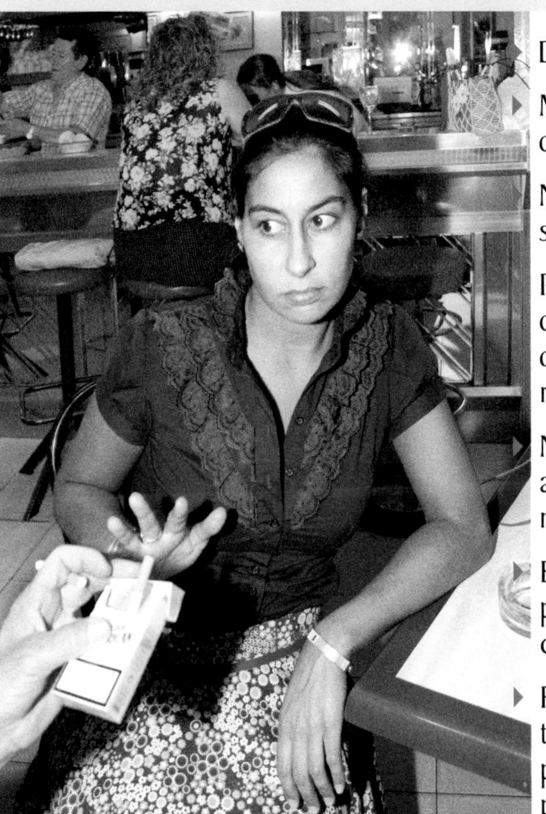

- Decir NO con claridad.
- Mirar directamente a los ojos de la otra persona.
- No utilizar falsas excusas ni dar explicaciones.
- Pedirle con firmeza a la otra persona que no te ofrezca nunca más cigarrillos.
- No dejar la puerta abierta a futuros ofrecimientos de cigarrillos.
- En caso de que la otra persona insista, cortar la conversación.
- Retirarse inmediatamente de la situación si la persona que lo ofrece se pone muy pesada.

Ejercicio. Los argumentos demagógicos con relación al tabaco

A continuación aparecen distintos argumentos que utiliza la industria tabaquera. Busca los elementos que los hacen insostenibles en función de todo lo que llevamos visto hasta aquí:

- El tabaco es un producto de venta legal y debe permitirse su total publicidad.
- Promocionar acontecimientos deportivos por parte de la industria tabaquera es un modo de estar con el deporte y con los jóvenes.
- La nicotina es un producto que no crea adicción.
- Toda persona es libre de fumar o de no fumar. Es su libre decisión.
- Las mujeres tienen el mismo derecho a fumar que los hombres.
- El tabaco es una fuente de riqueza para el país y crea puestos de trabajo.

Qué debe hacer el que fuma para dejarlo

A lo largo de su vida la mayoría de los fumadores se van a plantear dejar de fumar.

Cuanto antes se deje de fumar mucho mejor. Si se lleva poco tiempo fumando será más fácil conseguirlo, dejar de fumar para siempre y evitar problemas de salud, como por desgracia le sucede a un gran número de fumadores actualmente.

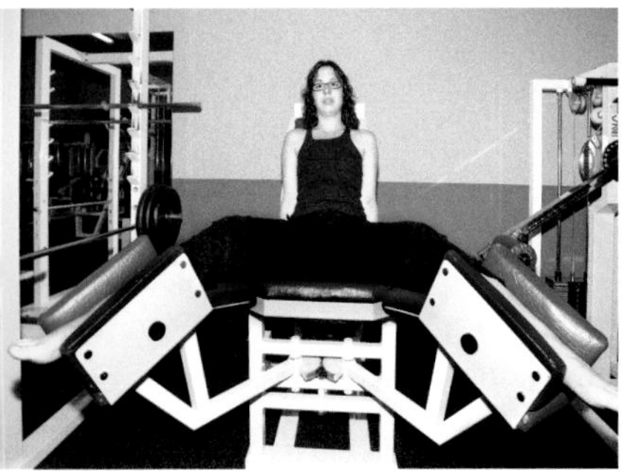

¿Cómo dejar de fumar? Pues sencillamente dando los pasos siguientes:

1. Analizar los efectos negativos que actualmente produce fumar, o los que ha producido en ocasiones anteriores (mareos, náuseas, resacas, tener ganas de fumar, estar mucho tiempo pensando en el tabaco, etc.).
2. Fijar el día en que se va a dejar de fumar para siempre (ej., mañana, el primer día del mes, el día de mi cumpleaños, etc.).
3. Decirle a otras personas que se ha dejado de fumar. Explicarles las razones de por qué se ha dejado. No probar ningún cigarrillo ni tontear con una calada, con uno solo o buscar una ocasión especial para fumar. No se puede probar ninguno más.
4. Distraerse en el día en que se ha dejado de fumar, y también en los días siguientes, para evitar alguno de los síntomas del síndrome de abstinencia de la nicotina que hemos visto más atrás. Hay que planificarse para estar ocupado y, a poder ser, relajado. Ayuda el ejercicio, estar al aire libre, una buena ducha o cualquier cosa que a uno le guste.
5. Conforme pasen los días uno se irá sintiendo mejor. Si se tienen ganas de fumar, éstas irán disminuyendo poco a poco.
6. Si aparece alguna duda recuerda que sin fumar se está mejor, se preserva la salud propia y la de los demás. Uno deja de contaminarse a sí mismo y a los otros.

Ayuda a los que fuman para que lo dejen

Seguro que conoces a más de una persona que fuma. Si es un compañero, compañera, amigo o amiga, o conocido, tú puedes ayudarle. ¿Cómo hacerlo? Te lo explicamos a continuación.

Todos nos influimos mutuamente. Nuestro comportamiento está en función de lo que hacen otras personas, y nosotros también tenemos hábitos en parte influenciados por lo que hacen otras personas de nuestro alrededor.

Este comportamiento viene dado por nuestra historia previa y por lo que hemos ido aprendiendo en nuestra familia, con nuestros amigos, en el barrio, en los medios de comunicación, etc. Por ello sí que podemos influir en otras personas, aunque a veces creamos que no podemos hacerlo.

En el caso concreto de las personas que fuman, lo primero que tenemos que decirles es que sería conveniente que dejasen de fumar. ¿Por qué deben hacerlo? Las razones que hemos ido exponiendo hasta aquí son claras para que tú se las puedas transmitir.

No creas que no te van a hacer caso. Quizás te hagan mucho más de lo que tú piensas. Inténtalo y comprueba el resultado. Si al principio no te prestan mucha atención, o no quieren hablar del tema, insísteles. Así te escucharán. Y escuchándote se darán cuenta de cosas que probablemente

no sabían. Éste es el primer paso para que se planteen cambiar, bien lo hagan ahora, dentro de unos días o dentro de unos meses. El cambio no siempre es rápido e inmediato, pero el cambio se dará si somos convincentes e insistimos. Si la persona no tiene una alta dependencia es más probable que nos escuche.

¿Cómo incidir más en esa persona para que deje de fumar? Una vez que has conseguido lo anterior, es decir, convencerla, y que piense en dejar de fumar, a continuación tienes que animarle a que lo haga, a que ponga fecha para dejar de fumar. Por ejemplo, la próxima semana, el primer día del mes, en el comienzo de las próximas vacaciones, el día de su santo, o el día que considere mejor para dejarlo. Es importante poner una fecha concreta, no posponerla, fijarla... para el día siguiente. Si está dispuesto a hacerlo anímalo, hazle saber que si ahora tiene baja dependencia de la nicotina es el momento de intentarlo. Más tarde, dentro de unos años, le costará más, mucho más, o le será muy difícil. En cambio, ahora le será fácil, muy fácil y la mayoría lo dejará sin ninguna dificultad.

▸▸▸Una vez que haya dejado de fumar, felicítalo, recuérdale lo bien que se encuentra, anímale a que siga así sin fumar, que vea que ha abandonado una sustancia que acarrea múltiples problemas tanto para él como para los demás. También dejando de fumar preserva la salud de los demás, el medio ambiente, se ahorra energía, se facilita cumplir el acuerdo de Kyoto, etc.

▸▸▸ Todo son ventajas para los que dejan de fumar y para los no fumadores que los rodean. Y, sobre todo, se ayudan a sí mismos, que es lo más importante.

El tabaco es un potente carcinógeno

La Agencia Internacional de Investigación sobre el Cáncer, conocida como IARC, es una agencia dependiente de la Organización Mundial de la Salud. En un informe reciente considera que el aire contaminado por humo de tabaco es cancerígeno. Esto significa que todas aquellas personas que están en un ambiente contaminado por humo de tabaco, sean fumadores o fumadores pasivos, tienen un incremento del riesgo de adquirir cáncer comparado con estar en un ambiente sin humo del tabaco. En los fumadores el efecto es mucho mayor que en los no fumadores. El informe de esta Agencia ha tenido un gran impacto tanto en los gobiernos, como en los sindicatos y empresarios. Al ser el humo del tabaco cancerígeno, sólo tenemos un modo de prevenir sus consecuencias: que nadie fume en el lugar de trabajo. La nueva Ley de Tabaco en España se orienta a éste y a otros aspectos relacionados con el tabaco, todos ellos orientados a que la gente no enferme por fumar. Lo mejor que pueden hacer los que fuman es dejar de fumar; los que no fuman, nunca comenzar a fumar ni probar un solo cigarrillo.

Convence a los que fuman (padres, maestros...) de que dejen de fumar

Dado que el consumo de tabaco está muy generalizado, no sólo fuman amigos y compañeros.

También es probable que fume nuestro padre, nuestra madre, algún hermano, algún tío o tía, primo o prima, y algún profesor. ¿Qué hacer en este caso? Pues sencillamente lo mismo que lo que hemos indicado anteriormente.

Pero, además, con ellos tenemos que ser más duros y más incisivos. Debemos hacerles ver que si fuman están siendo un mal ejemplo para nosotros. Nos están tentando a fumar. Nos están sirviendo de mal ejemplo, de muy mal ejemplo.

Por ello que intenten dejar de fumar es no sólo importante para ellos sino también para nosotros.

Algo semejante ocurre con los maestros. Aunque fuman pocos, deberían todos dejar de fumar. Nosotros podemos ayudarles a hacerlo.

▸▸▸ Lo cierto es que muchos padres y madres están dejando de fumar por la petición de sus hijos. Cuando un hijo o hija le pide a su padre o a su madre que deje de fumar éstos van a estudiar muy en serio dejarlo. Y muchos lo dejan así. En este caso somos nosotros un ejemplo para nuestros padres. Pero si consiguen dejar de fumar no sólo mejorará su salud sino que nosotros podremos disfrutar de un aire limpio del humo del tabaco.

¿Qué nos dice la Carta Europea Contra el Tabaco, de la Organización Mundial de la Salud?

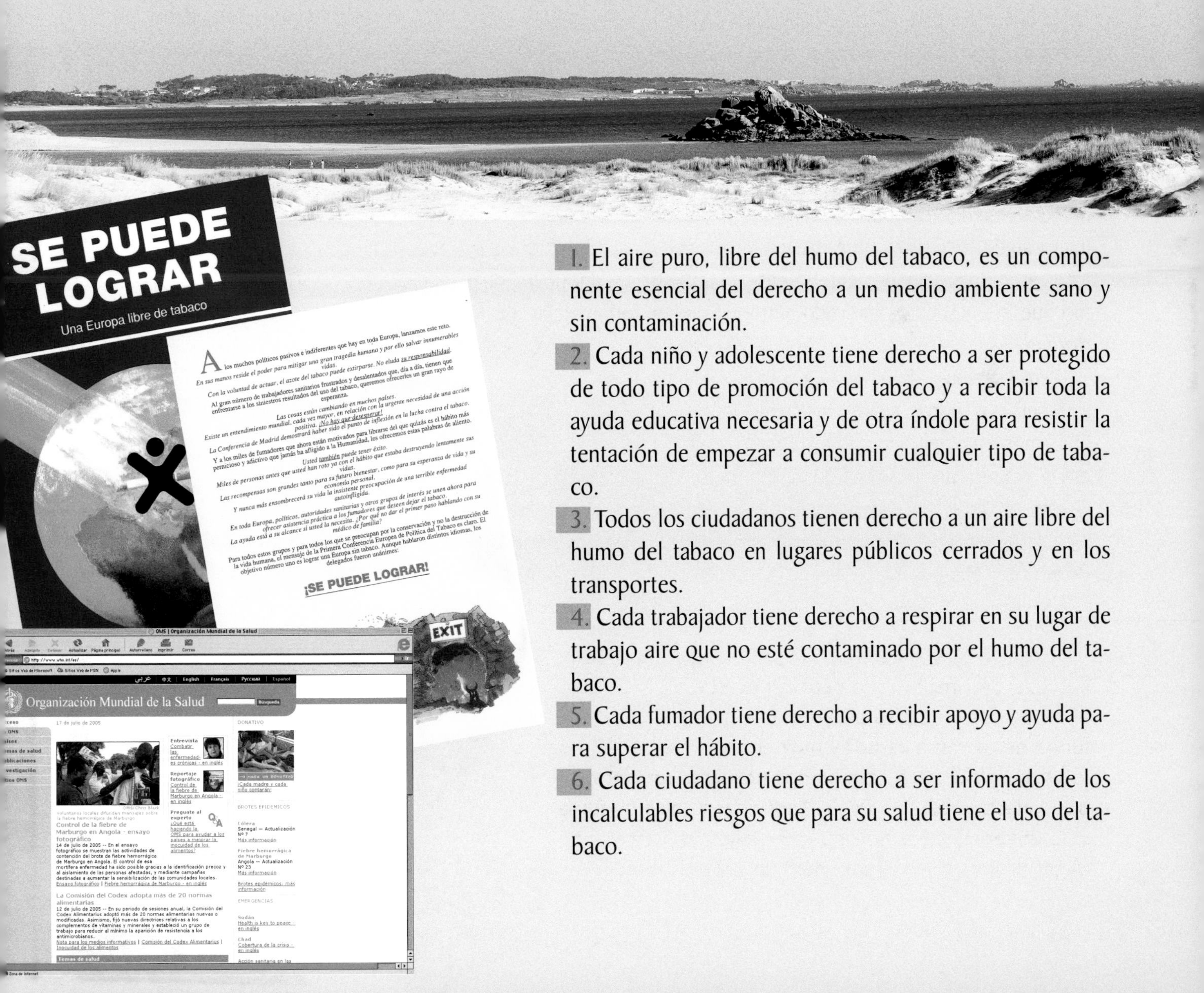

1. El aire puro, libre del humo del tabaco, es un componente esencial del derecho a un medio ambiente sano y sin contaminación.
2. Cada niño y adolescente tiene derecho a ser protegido de todo tipo de promoción del tabaco y a recibir toda la ayuda educativa necesaria y de otra índole para resistir la tentación de empezar a consumir cualquier tipo de tabaco.
3. Todos los ciudadanos tienen derecho a un aire libre del humo del tabaco en lugares públicos cerrados y en los transportes.
4. Cada trabajador tiene derecho a respirar en su lugar de trabajo aire que no esté contaminado por el humo del tabaco.
5. Cada fumador tiene derecho a recibir apoyo y ayuda para superar el hábito.
6. Cada ciudadano tiene derecho a ser informado de los incalculables riesgos que para su salud tiene el uso del tabaco.

Un mundo sin tabaco y mejo Está en tu mano conseguirlo

La idea que tenemos todos es conseguir un mundo mejor. Sabemos que el mundo actual no es perfecto. Más bien tiene muchas imperfecciones. Las desigualdades, el hambre, la pobreza, la carencia de oportunidades, la miseria, las sequías, las guerras, etc., son algunas de ellas. Pero nuestro objetivo, y el de la mayoría de las personas que habitamos el planeta Tierra, es mejorar las condiciones de vida, preservar lo que tenemos y ayudar a nuestros semejantes.

Algunos pueden llamar a lo anterior utopía; otros la realidad deseada. Pero en uno u otro caso sabemos que es posible en todo o en parte. Y ese todo o esa parte depende también de nosotros, como del resto de las personas. Un mundo globalizado como el actual exige respuestas globalizadas, pero nosotros tenemos que ser partícipes de esa respuesta.

¿Qué tiene que ver todo lo anterior con el tabaco y con el consumo de cigarrillos? Pues mucho. El consumo de tabaco es una epidemia que ha alcanzado a todo el mundo. De ahí que también haya que dar una respuesta global al mismo. El Convenio Marco para el Control del Tabaquismo de la Organización Mundial de la Salud es un ejemplo de ello.

Día a día tenemos que procurar que el mundo sea mejor. Día a día podemos ser realmente más libres y

no depender de adicciones ni de las tabaqueras, cuyo objetivo final es que seamos adictos a sus productos. Así, no sólo viviremos mejor sino que vivirán mejor otras muchas personas en el mundo.

Ésta es una responsabilidad nuestra. Es una responsabilidad de todos. Empecemos por lo más cercano, por nosotros mismos. ¿Nunca hemos fumado? Pues nunca debemos probar un cigarrillo. ¿Hemos probado algún cigarrillo? Pues no debemos seguir probándolos. ¿Fumamos cigarrillos de vez en cuando o a diario? Pues hay que dejar de fumar. Ya te hemos dicho cómo.

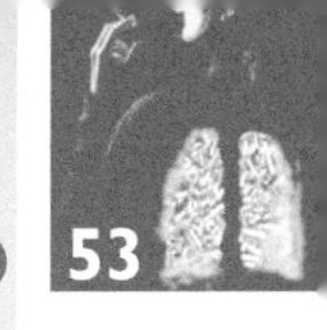

s posible.

▸▸▸ **¿Fuman tus padres o alguno de tus profesores? Ya sabes cómo les puedes ayudar. En suma, un mundo mejor es posible. Está en tus manos. Haz que sea realidad. Depende de ti.**

Principales medidas del Convenio Marco para el Control del Tabaquismo de la Organización Mundial de la Salud, aprobado por Naciones Unidas, y que tiene que aplicarse en todos los países del mundo para el control del tabaquismo:

- Incrementar los impuestos de los productos del tabaco.
- Incluir advertencias claras sobre la incidencia del tabaco en la salud en los paquetes de los cigarrillos. Deben ocupar al menos el 30% de la cajetilla.
- Prohibir toda publicidad de tabaco, promoción del mismo o de otros productos con la marca de tabaco.
- Incrementar la información, educación y concienciación de la población sobre las consecuencias del tabaco en la salud.
- Proteger contra la exposición pasiva al humo del tabaco.
- Prohibir la venta de tabaco a menores.
- Potenciar los programas preventivos para que los jóvenes no fumen.
- Facilitar tratamientos para que los que hoy fuman dejen de fumar.
- Eliminar el comercio ilícito de tabaco, como el que se hace a través de contrabando u otros procedimientos fraudulentos.

Alquitrán: 10 mg
Nicotina: 0,6 mg
Monóxido de
carbono: 10 mg

Ejercicio. **Comprueba cuáles de las medidas anteriores están en vigor y el grado de cumplimiento de las mismas.**

ITALIA

Este libro, que forma parte de la colección SABER PARA VIVIR, acabó de imprimirse en los talleres de Alva Gráfica en septiembre de 2005.